让孩子幸福的**哲学**（精选版）

改变世界
的眼睛

王玉正◎编著

［阿根廷］玛丽安娜·佩雷拉◎绘

 明天出版社·济南

图书在版编目（CIP）数据

改变世界的眼睛 / 王玉正编著；（阿根廷）玛丽安娜·佩雷拉绘 . — 济南：明天出版社，2022.10
（让孩子幸福的哲学：精选版）
ISBN 978-7-5708-1571-5

Ⅰ . ①改… Ⅱ . ①王… ②玛… Ⅲ . ①哲学－儿童读物 Ⅳ . ① B-49

中国版本图书馆 CIP 数据核字 (2022) 第 149333 号

RANG HAIZI XINGFU DE ZHEXUE JINGXUAN BAN

让孩子幸福的哲学（精选版）

GAIBIAN SHIJIE DE YANJING
改变世界的眼睛

王玉正 编著　[阿根廷] 玛丽安娜·佩雷拉 绘

出版人　傅大伟
选题策划　冷寒风
责任编辑　何　鑫
特约编辑　尹丽颖
项目统筹　胡婷婷
美术编辑　赵孟利
版式统筹　田新培　吴金周
封面设计　罗　雷
出版发行　山东出版传媒股份有限公司
　　　　　　明天出版社
地址　山东省济南市市中区万寿路19号

http://www.sdpress.com.cn　　http://www.tomorrowpub.com
经销　新华书店　**印刷**　鸿博睿特（天津）印刷科技有限公司
版次　2022年10月第1版　**印次**　2022年10月第1次印刷
规格　720毫米×787毫米 12开 3印张
ISBN 978-7-5708-1571-5　**定价**　18.00元

致
娃爸
娃妈

　　世界上最漂亮的东西是什么？是春天街边盛开的迎春花，还是仲夏夜的满天星河？

　　如果问孩子，他也许会说，是突然飞进窗户里的小蝴蝶，或者妈妈脚上穿的红色高跟鞋。

　　如果问我们，那答案一定是孩子的笑脸和甜甜的睡颜。

　　关于美，没有标准答案。

　　也许所有能让人感到快乐和幸福的事物都是美的。如果是这样，我希望孩子善于感知快乐和幸福。这样，他就能拥有更多的快乐和幸福了。

　　也许只要是自己喜欢的就是美的。如果是这样，我希望他能不在乎别人的眼光，在自己喜欢的事情上坚持下去。这样，他就能活出不平庸的一生。

　　博物馆里的传世名画、音乐厅里震撼的交响乐、电影院里千变万化的光影，这些都是美的。我希望他能看到很多、很多，把这些美内化到他的灵魂之中，然后走向更广阔的世界。

　　我希望他能看到亲情、友情、爱情的颜色，能体会到人世间各种情感的美，读得懂我对他的爱。

　　最后，愿我亲爱的小宝贝，有一双能够发现美的眼睛。

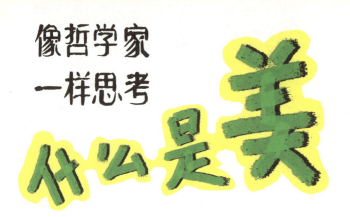

像哲学家一样思考

什么是美

世界上的很多东西都是美的，大自然、人的容貌、艺术品、星星、阳光下你吹的肥皂泡泡……

我们坐在沙滩上，望向远处美丽的**大海**，发现眼前的美景并不是由许多东西简单地拼凑而成的。浪花不只是溅起的海水，沙子不只是细碎的石粒，海面上的粼粼波光也不仅仅是反射的阳光。

它们在这美景里产生的"魔法"，让你感知到了美。

是不是把大家都认为美的东西组合在一起就能构成美呢？布娃娃的眼睛、大熊猫的脸、兔子的耳朵、孔雀的尾巴，再加上小猫、小狗那毛茸茸的小爪子……

这些东西组合成的"小怪兽"，你认为美吗？

其实，美没有固定的形状、大小和颜色，更没有统一的答案。

当你用画笔画一片大海，只要你感到**快乐**，即使它是粉色的，**它也是美的**；

当你发现一只蜘蛛，只要你喜欢，**它就是美的**；

当你把房间整理干净，**哇，你感到好幸福！这依然是美的。**

当然，你的小手也可以**创造美**。用泥巴造一个"城堡"、随手捡起路上的垃圾，或者给奶奶爷爷一个拥抱……

美，是妈妈给你读睡前故事时的模样，是你去学校的路上看到的小野花，是满头大汗却还在指挥交通的警察叔叔，是大雪过后人们在地上留下的脚印，**更是发现美时你的样子。**

美 像哲学家一样思考 有标准吗

有人说："这个东西真难看，跟癞蛤蟆似的！"

不过，癞蛤蟆真的丑吗？世界上会不会有人认为它美呢？还有飞蛾、细菌、洋葱……也有人认为它们美吗？**美有标准吗**？

面对同一幅画、同一处风景或同一个玩具，由于成长经历、教育背景以及审美品位的不同，不同的人可能会有完全不一样的看法。

难怪妈妈总说——**萝卜青菜，各有所爱**。

在不同的文化里，美的标准也很不一样。在苏格兰，男人们为了穿上被视为民族服装的苏格兰短裙，曾和"禁裙令"抗争了几十年。

美的标准还会随着时代的变化而改变。中世纪的欧洲男人流行戴假发、穿丝袜和高跟鞋。要是让你爸爸这样打扮，你是会为他鼓掌呢？还是笑得在地上打滚儿？又或者是惊讶得说不出话来？

鹿角

向日葵

鹦鹉螺

在美的众多标准中，和谐是其中的一个。那些具有对称美的建筑、植物、动物常常让你感到舒服。这种对称美就是一种和谐。当你看到它们时，你就会明白——这就是和谐！多美呀！

虫胡蝶　　万里长城　　你

如果，我是说如果……

你还不知道**美的标准**是什么，

那么就请记住这一点！

真、善、美就像音符，有了它们就能奏响这个世界上所有的美好。

这世上哪有什么垃圾呀！要是有，那也是宝贝放错了地方！

乔乔不太明白，垃圾就是垃圾，怎么还成了宝贝？不过，奶奶的话或许有道理……

那天，妈妈抱着一堆塑料垃圾，正准备扔出去，结果被乔乔拦住了。乔乔说："妈妈！别扔，别扔。也许它们是宝贝，能用来做……"

水球弹

在塑料袋里装满水，就可以跟隔壁的大雄打水仗啦！

遛鱼器

谁说只能遛狗、遛猫？有了它，还能遛鱼呢！

超级变色眼镜

在黑色塑料片下，小橘猫变成了小棕猫，奶奶也重新拥有了黑头发。

虽然在白发和皱纹里溜走的时间再也回不来了，但快乐和童真可以永远留在我们心里。

普学小宝物

天梯

用好多好多的塑料做个长长的梯子吧！长到能让我爬上天，跟太阳握握手。

噗！

臭屁转移器

用它把臭臭的屁送到窗外去。

还有呢！捆一捆、剪一剪……你看，毽子、发箍、雨伞，还有好多宝贝。

13

塑料瓶也是宝贝，能用来
做瓶盖积木、另类保龄球、
可爱小玩偶、趣味乐器……

"打地鼠"游戏机

我们可以像玩打地鼠游戏
那样敲击漂在水上的空瓶子。
当然，为了保护环境，请在家
中的浴缸里玩这个游戏。

书包搬运车

自己做的小车真省力，
只不过有个小麻烦——书包
总爱掉下来。

14

汽水味博物馆

世界上居然有这么多好喝的汽水！只要留下瓶子，每次打开瓶盖闻一闻，就能再一次体会到那种甜甜的感觉。

墙壁的"花衣裳"

把彩色的塑料瓶粘在墙壁上，这样墙壁就穿了一件漂亮的"花衣裳"。漂亮吧？

环形弹

我要用塑料环形弹打败世界上所有的坏人，咻咻咻——

15

妈妈抱着一堆纸垃圾，正准备扔出去，结果又被乔乔拦住了。乔乔说："妈妈！别扔，别扔。也许它们是宝贝，能用来做……"

企鹅防冻箱

南极那么冷！
寄个纸箱给企鹅，
它就不用挨冻啦。

还有呢！粘一粘、拼一拼……你看，机器人、糖果跳跳机、弹珠迷宫、小火车迷你隧道，还有好多宝贝。

黑夜捕捉箱

早上醒来，发现让人害怕的黑夜不见了。它去了哪里？妈妈说，她把黑夜关进了纸箱里。

会发光的"怪兽"

晚上，在"纸壳怪兽"的肚子里放盏灯，它就——发光了！

勇敢的小孩也被允许害怕黑暗。毕竟，就连世界上最有胆量的探险家也有害怕的东西呢！

妈妈抱着一堆破布，正准备扔出去，结果被乔乔拦住了。乔乔说："妈妈！别扔，别扔。也许它们是宝贝，能用来做……"

懒人拖地鞋

穿着它走一走，地板就变干净了。

因为陪伴，所以珍惜；因为爱，所以保护。就这样做一个温柔对待世界的人吧！

逗一逗

哲学小宝物

成长纪念书

第一页是我一岁时穿过的，第二页是我两岁时穿过的……等到明年这本书就有六页啦！

彩虹毯

把碎布像拼拼图一样，拼成独一无二的彩虹毯。

还有呢！缝一缝、补一补……你看，给大树穿的棉袄、超人斗篷、新书包，还有好多宝贝。

一辈子都不用扔的衣服

外套旧了，改成背心；背心旧了，改成手绢；手绢旧了，还能改成纽扣呢！

挖鼻孔手套

这下就不怕手上有细菌啦。

妈妈抱着一堆玻璃垃圾，正准备扔出去，结果被乔乔拦住了。乔乔说："妈妈！别扔，别扔。也许它们是宝贝，能用来做……"

阳光转移器
家里有废弃的镜子？用它照亮阳光到不了的小角落吧！

亮晶晶的"钻石"

把旧玻璃珠擦得闪闪发光，用漂亮的盒子包好，送给妈妈吧！

眼泪收集瓶

把感动我的幸福事随着眼泪一起装进瓶子里。

瓶子指南针

不知道该去哪儿时，转转瓶子，按照它的方向走吧！

难过时会哭，开心时会哭，感动时也会哭……眼泪也可以是珍贵的宝物。

哲学小宝物

有时我们会做一些蠢事，但这有什么关系？世界上有很多伟大发明都是从意外中诞生的。

哲学小宝物

妈妈抱着一堆金属垃圾，正准备扔出去，结果被乔乔拦住了。乔乔说："妈妈！别扔，别扔。也许它们是宝贝，能用来做……"

"火箭筒基地"
用废弃的金属罐做成一个可以发射的"火箭筒"。

小熊专用"针筒"
玩过家家的时候，用旧螺丝刀给小熊"打针"，一定能治好它的病。

"结果实"的铁锅

把旧铁锅埋在地里，每天浇点儿水，会不会长出新锅呢？

压饺子皮器

过年啦！用瓶盖压出来的迷你饺子皮竟然有好看的花边呢。

23

还有它们，也许也是宝贝哟！

外星人联络器
角落里的金属线会接收到外星人的秘密信号吗？

爱心鸟窝
用枯树枝在窗台上给大雁搭个窝。也许有一天它会来下个蛋。

罐头花盆
在罐头盒子里放上泥土，种下西瓜籽，说不定明年就能吃到甜甜的西瓜！

苍蝇陷阱
这双旧靴子闻上去臭烘烘的，拿它来诱捕苍蝇吧！

自制领带
用礼品盒上的丝带做领带，从小男孩变成像爸爸一样的男子汉。

"鱼鳞盔甲"

把洗干净的鱼鳞粘在一起，就能得到一件闪亮的"盔甲"。

泥土里的"小宝宝"在阳光和雨水的呵护下努力长大，才能结出甜美的水果。看似没用的果核和果皮，也是它们努力的成果哟。

哲学小宝物

水果味的水果帽

香蕉皮、橘子皮、柚子皮和榴莲皮都能做成帽子呢。

自制拼图

在购物小票上画上画、再撕开，就是自制拼图啦！

脚底按摩器

脚丫子踩在冰糖葫芦的核上是什么感觉呢？

25

有一天，乔乔正准备扔掉一些垃圾。爸爸妈妈连忙说道："别扔，别扔。也许它们是宝贝，能用来做……"

坐在这儿打盹儿真不错。

代步车板凳

在奶奶的梦里，丢了轮子的代步车一定带她去了不少好玩的地方！

不管几岁，我们都有很多东西要学。哪怕是爸爸妈妈，有时也需要学习。

是一个

哲学小宝袋

乔乔奶奶说得果然没错！

吸管钥匙扣

鞋带小吊篮

快餐盒桌面垃圾桶

彩虹杯垫

涂一涂、画一画，蛋糕纸盘变成漂亮杯垫！

防走丢手环

虽然坏掉的手表再也不能告诉我时间了，但它能让我时刻看到妈妈！

牛仔裤书包

玩具汽车纸巾盒

27

乔乔生日那天，爸爸妈妈问她想要什么生日礼物。乔乔想都没想，大声喊道：

我想要个垃圾场！我要把宝贝们从垃圾场里救出来！

28

像哲学家一样思考
不美一定就是丑吗

从沙漠带回来的**枯树枝**美吗？它既没有花朵，也没有绿叶，的确不算美。但它曾是辛苦飞行的小鸟的临时住所，为它们提供歇脚的地方。你还可以用它挂一盏小夜灯，让它帮你驱赶黑暗里的"小妖怪"，为你带去美梦……

美是最重要的吗？

奶奶织的毛线帽，什么图案都没有，既没有帅气的恐龙，也没有可爱的小狗狗，可能真的不算美。可是眼睛不好的奶奶，要很辛苦才能织出这样一顶帽子！戴上奶奶织的毛线帽感觉好暖和啊！**爱的温度**让你觉得它好不好看都没关系了。

受了伤的警犬美吗？面对危险时，它会英勇地追击坏人；面对可爱的你时，它会开心地摇摇尾巴。要我说，它一点儿也不丑，它是**正义的战士**，相当酷呢！

博物馆里的陶罐看起来破破的、旧旧的，一点儿也不漂亮。可讲解员说，这些罐子里装的都是**祖先们的智慧**！想象一下泥巴在古人手里变成陶罐的样子，美或丑好像就没有那么重要了。

大人们觉得小丑长得很滑稽，嘴巴大大的、鼻子红红的，但是他可是大家的**开心果**呢！

还有好心人在树上搭建的鸟窝。它看上去很简陋，却给了小鸟们一个遮风挡雨的家……

让我们做个小游戏：

请说出你认为不美但也不觉得丑的东西，并给出你的理由。

_____

_____

别人觉得这个东西**不美**，

你却因为爱、它的价值以及让你难以忘怀的那些故事，

打心眼儿里喜欢它！此刻美和丑还重要吗？

外表美

像哲学家一样思考
很重要吗

外表美很重要吗？让我们来采访一下
《白雪公主》里的那块魔镜：

魔镜魔镜，

　　　　谁最漂亮？

"虽然那位问我这个问题的皇后有着漂亮
的脸蛋儿，可她冰冷的内心让我感到害怕。"

魔镜魔镜，谁最漂亮？

"美丽的外表会随时间的流逝发生变化，娇艳
的玫瑰花也要经历盛放和凋零。但**智慧**、**善良**
等美好的品质永远不会离开你。"

魔镜魔镜，谁最漂亮？

"最漂亮的**外表**不能
帮你解决很多问题，但勇气
和知识或许可以。"

外表美也许会让别人想认识你，但你的**个性、善良、礼貌**……决定了他们想不想跟你成为好朋友。

穿新衣服，剪新发型，打扮得干净、漂亮，就算阳光不够灿烂，心情也会棒棒的！

但是，过度关注外表美有时会给我们带来麻烦。

小鸟只顾着梳理羽毛，却忘了迎风飞翔的快乐；

鱼儿幻想美丽的双腿，却忘了在大海里遨游的快乐；

丑小鸭为它的长相难过，却忘了它原本拥有的快乐……

现在，当别人问你，

外表美很重要吗？

相信你已经有了答案……

像哲学家一样思考
心灵的美和丑

鲜花、雪人、布娃娃……它们的美我们用肉眼就能看见，但有的美却深深地藏在人们心里，你要用心感受才能看见……

在你被大雨淋成落汤鸡的时候，一位好心的叔叔把一把伞递到你面前！

"可是我该怎么把伞还给您呢？"

"把它送给下一个需要的人吧。"

虽然雨还在下，彩虹也并没露面，但善良的叔叔有着一颗**比彩虹还美的心**！

有人说，

一个人不是因为美丽而可爱，
而是因为可爱而美丽。

喜欢画画、做手工，碰到有人被欺负会力所能及地帮助他……

这么可爱的我是不是也挺美的呀？

救死扶伤的医生、保家卫国的士兵、教书育人的老师、起早贪黑的环卫工人、保护动物的志愿者……**感谢他们美好的心灵，让世界变得更加美好。**

不过，这个世界上也有一些**丑陋的心灵**。它们的主人会做坏事，害得人们伤心、痛苦或者愤怒。

比如吃掉小红帽的大灰狼（虽然它只存在于故事书里，但你也要记住它的样子）、把欺负别人当作乐趣的人……为什么他们会这样呢？

其实，**心灵也有很多面**，就像魔方一样。当一个人总是故意使坏，或者总说些伤害别人的话，他的心灵就会一点点地被丑陋的那面占据。

不过，做好人还是坏人，关键在于**自己的选择**！如果一个人能为自己做的坏事道歉，并且真正学会友善地对待他人，心灵里美好的部分就能战胜丑陋的部分。

宝贝，希望你永远**快乐**、**善良**，**幸福**成长。

关于美和丑的故事，
到这里
还没有结束……